SHERLOCK HOLMES

El **SABUESO**
de los
BASKERVILLE

Para estudiantes de español

Read it!

El sabueso de los Baskerville para estudiantes de español

Editado por: Read it! 2014

Diseño de portada: Read it! 2016

Adaptado por: J. A. Bravo 2014

Basado en la novela de Sir Arthur Conan Doyle "The hound of the Baskervilles" 1902

Contacto: info@readited.es

ISBN-13: 978-1502458094

ISBN-10: 1502458098

1

La maldición de los Baskerville

Lo que voy a contarles a continuación es la historia más extraña que jamás me haya ocurrido, quizás crean ustedes que no es cierta, pero les aseguro que lo que voy a escribir a partir de ahora ocurrió.

Todo empezó una mañana de 1889 en el 221B de la Baker Street. Mi querido amigo Sherlock Holmes tocaba su violín mientras yo el doctor John Watson leía el periódico. De repente alguien llamó a la puerta. La señora Hudson, nuestra ama de llaves, abrió e hizo pasar a alguien.

—¿Señor Holmes? Mi nombre es James Mortimer. Necesito su ayuda— dijo un hombre entrando en nuestra sala de estar.

—Adelante —dijo Holmes. — ¿Cómo puedo ayudarle?

—Tengo una extraña historia que contarle, señor Holmes— dijo el doctor Mortimer —. Mi historia es tan extraña. Que tal vez usted no va a creerla.

El señor Mortimer se sentó. Sherlock Holmes y yo escuchamos su historia.

—Soy médico, vivo y trabajo en Dartmoor— dijo el doctor Mortimer —. Y, como usted sabe, Dartmoor es un lugar salvaje y grande. Sólo hay una casa grande en Dartmoor; Baskerville Hall. El propietario de la casa era Sir Charles Baskerville. Yo era su amigo, así como su médico.

— Leí lo de su muerte en el periódico The Times — dijo Holmes.

— Eso fue hace tres meses — dijo el doctor Mortimer —. El periódico informó de su muerte, pero no informó sobre todos los hechos.

— ¿Hubo algo extraño en su muerte?— preguntó Sherlock Holmes.

—No estoy seguro —dijo el doctor Mortimer—. Hay una historia sobre la familia Baskerville y una maldición. Sir Charles creía en esta vieja historia.

— ¿Una maldición?— Le pregunté —. ¿Qué quiere usted decir?

—Esta es la historia —dijo el doctor Mortimer.

Tomó un pedazo grande de papel de su bolsillo.

— Por favor, lea esto. Es la historia de la maldición de los Baskerville.

Holmes tomó el papel y lo leyó. Él me mostró el papel y esto es lo que decía:

En el año 1645, Sir Hugo Baskerville era el dueño de la mansión de los Baskerville. Sir Hugo era un hombre cruel y malvado. Todos los días iba a cazar y a beber con una pandilla de delincuentes.

Un granjero en Dartmoor tenía una hermosa hija. Sir Hugo quería casarse con la chica, pero ella tenía miedo de él. El padre de la niña le dijo a Sir Hugo que se mantuviera alejado de su granja. Sir Hugo estaba muy enfadado.

Un día, cuando el agricultor estaba trabajando en sus campos, Sir Hugo cabalgó hasta la granja con sus amigos. Atraparon a la chica y la llevaron a Baskerville Hall.

La pobre muchacha estaba aterrorizada. Sir Hugo la encerró en una habitación. Entonces él comenzó a beber con sus amigos. Cuando estaba borracho fue a la habitación, pero la chica había escapado. La muchacha espero a que oscureciera y luego abrió una ventana y escapó de Baskerville Hall.

La granja de su padre estaba a unos seis kilómetros de distancia. Era de noche, pero ella fue capaz de seguir el camino con la luz de la luna. Echó a correr a través del páramo oscuro.

Sir Hugo volvió al salón y grito a sus hombres:

— ¡La chica ha escapado! ¡Coged los caballos! — gritó —. ¡Traedme a la chica viva o muerta!

Todos salieron corriendo y saltaron sobre sus caballos. Sir Hugo tenía una jauría de perros salvajes para cazar.

— ¡Dejad que los perros la encuentren! — gritó —. ¡Que el diablo os lleve si no la encontráis!

Los perros salieron corriendo por el páramo oscuro. Sir Hugo y sus hombres cabalgaron tras ellos. Los perros ladraban y Sir Hugo gritaba.

Entonces oyeron un ruido. Era más fuerte que el ruido de los ladridos y gritos. Los perros se detuvieron y escucharon. Tenían miedo.

Los hombres oyeron el ruido también. Era un aullido fuerte y profundo. El sonido de un enorme perro aullando a la luna. Los hombres detuvieron sus caballos, pero sir Hugo siguió cabalgando. Quería atrapar a la chica.

De pronto su caballo se detuvo y lo tiró al suelo. El caballo escapó asustado.

A la luz de la luna, los hombres vieron un extraño animal negro. Parecía un perro con ojos enormes y fieros. Era tan grande como un caballo. Todos los hombres se asustaron mucho.

El enorme perro negro saltó sobre Sir Hugo Baskerville y lo mató. Los otros hombres huyeron y Sir Hugo no fue visto nunca más.

Desde ese momento, muchos de los hijos de la familia Baskerville murieron muy jóvenes. Muchos Baskerville han muerto de forma extraña. Esta es la maldición de los Baskerville. El perro negro. El sabueso de los Baskerville todavía camina en el páramo por la noche.

—Bien, señor Holmes, ¿qué piensa usted de esta historia? —preguntó el doctor Mortimer.

—No creo que se trate de una historia real —dijo Sherlock Holmes—. ¿Usted la cree?

—Antes de la muerte de Sir Charles Baskerville, yo no creía la historia —respondió el doctor Mortimer—. Pero Sir Charles si la creía. Le preocupaba. Se puso enfermo y su corazón era débil.

— ¿Por qué creía en esta historia ?— pregunté.

—Porque él vio al perro en el páramo— respondió el doctor Mortimer—. O, pensó que lo vio. Cuando Sir Charles me contó esta historia, le dije que se tomara unas vacaciones. Le dije que se fuera a Londres durante unas semanas y olvidara todo acerca de la maldición.

— ¿Y se fue de vacaciones? — pregunté.

—No— dijo el doctor Mortimer—. Planeaba ir a Londres el viernes siguiente. Pero, el jueves por la noche, se fue a dar un paseo al borde del páramo. Y nunca regresó.

— ¿Cómo murió? — pregunté.

—Murió de un ataque al corazón —respondió el doctor Mortimer—. Su criado vino a buscarme. Encontró Sir Charles, cerca de la casa, en el borde del páramo. Estaba huyendo de algo cuando murió. Estoy seguro de eso. Creo que estaba aterrorizada por algo.

— ¿Aterrorizado? —preguntó Holmes.

—Miré en el suelo donde Sir Charles había caminado. Vi sus huellas —dijo el doctor Mortimer—. Pero había otras huellas en el suelo. No eran las huellas de un hombre. ¡Eran las huellas de un sabueso gigantesco!

2

El Caso

E sta era una historia muy extraña. No creo que Sir Charles Baskerville haya sido asesinado por un perro gigantesco. Queríamos saber la verdad.

—¿Quién más vio estas huellas?— preguntó Sherlock Holmes.

El doctor Mortimer se inclinó hacia delante en su silla.

— Nadie más vio las huellas —respondió el doctor Mortimer—. Llovió mucho por la noche. Por la mañana, las huellas habían sido borradas.

— ¿De qué tamaño son las huellas? ¿Son más grandes que las huellas de un perro pastor?

—Sí, señor Holmes, mucho más grandes. No eran las huellas de un perro normal.

—También, usted dice que Sir Charles escapó de este perro. ¿Cómo lo sabe? —preguntó Holmes.

—El suelo era blando — respondió el doctor Mortimer—. Vi las huellas de Sir Charles fuera mansión de los Baskerville. Sus huellas estaban muy juntas, mientras caminaba por un sendero al borde del páramo. Entonces se detuvo y esperó junto a una puerta de madera. Después sus huellas cambian se volvieron más separadas y profundas. Estoy seguro de que él comenzó a correr. Corrió hacia la casa. Creo que algo venía del páramo. Creo que él vio al perro de los Baskerville.

—Sí, sí —dijo Holmes—, pero ¿cómo se sabe que Sir Charles esperó frente esta puerta de madera?

—Porque se fumó un cigarro —dijo el doctor Mortimer—. Y vi la colilla del cigarro en el suelo.

— Pero, ¿Cree usted que Sir Charles fue asesinado por un gigantesco sabueso?

—Yo sé que él escapó de algo —dijo el doctor Mortimer—. Sé que vi esas extrañas huellas de un perro enorme. Pero ... — miró el reloj —, me voy, tengo que reunirme con Sir Henry Baskerville en la estación de Waterloo en una hora. Sir Henry es el sobrino de Sir Charles. Él ha venido desde Canadá. Sir Charles no tenía hijos, por lo que Sir Henry es ahora el dueño de la mansión de los Baskerville. Y ahora tengo un problema.

— ¿Cuál es su problema?— preguntó Holmes.

— Creo que Sir Henry está en peligro —dijo el doctor Mortimer—. Creo que no es seguro llevarlo a Baskerville Hall.

—Tengo que pensar —dijo Sherlock Holmes—.Venga a verme mañana por la mañana. Por favor traiga a Sir Henry con usted.

—Lo haré — dijo el doctor Mortimer y se puso de pie—. Ahora tengo que ir a conocer a Sir Henry en la estación de Waterloo. Buenos días.

Cuando el doctor Mortimer se marchó, Holmes me dijo:

— Tenemos un aquí un caso, Watson. Y hay tres preguntas. ¿Cuál es el delito? ¿Quién lo hizo? y ¿Cómo se hizo?

3

Sir Henry Baskerville

A la mañana siguiente, el doctor Mortimer trajo a Sir Henry Baskerville a Baker Street. Sir Henry tenía unos treinta años de edad. No era alto, pero era grande y fuerte. Parecía un boxeador.

— ¿Cómo está usted, señor Holmes?— dijo sir Henry —. Llegué ayer a Londres y ya han sucedido dos cosas extrañas.

— Por favor, siéntese, Sir Henry —dijo Holmes—.Y dígame lo que ha sucedido.

— Nadie sabe que estoy alojado en hotel Northumberland — dijo sir Henry —. Pero he recibido una carta. Aquí está la carta. Son letras recortadas de un periódico a excepción de la palabra "páramo".

SU VIDA ESTA EN PELIGRO
MANTENGASE LEJOS DEL PÁRAMO

—Las palabras están recortadas del periódico The Times— dijo Holmes.

—Pero, ¿cómo sabe esta persona en que hotel estoy? — preguntó Sir Henry.

—No lo sé—dijo Holmes—. Pero usted dijo que dos cosas extrañas han sucedido. ¿Cuál es la otra cosa que ha sucedido?

— He perdido una bota —dijo sir Henry—. Alguien ha robado una de mis botas en el hotel.

— ¿Una de sus botas? — preguntó Holmes—. ¿Alguien se llevó una sola?

—Sí — respondió Sir Henry—. Las botas son nuevas. Los compré ayer y nunca las he usado. Pero ¿por qué tomar sólo una?

—Esa es una muy buena pregunta— dijo Holmes—. Me gustaría visitar su hotel. Tal vez pueda encontrar la respuesta.

— Entonces, por favor, únase a nosotros en el almuerzo— dijo sir Henry —. Ahora, si me disculpan, tengo otro asunto que tratar. ¿Quedamos a las dos para almorzar en el hotel Northumberland?

— A las dos nos veremos —dijo Holmes.

Sir Henry Baskerville y el doctor Mortimer salieron de la casa y caminaban por la calle Baker. Sherlock Holmes los observaba a través de la ventana de su estudio.

—Rápido, Watson, hay que seguirlos —dijo Holmes.

Me puse el sombrero y seguí Holmes.

— ¿Por qué estamos siguiéndolos?— pregunté.

—Porque, mi querido Watson, otra persona también los está siguiendo — dijo Holmes—. ¡Mire! ¿Ve a ese hombre? ¡Allí, en ese taxi!

Miré hacia donde Holmes estaba señalando. Un taxi tirado por caballos se movía lentamente. Un hombre con una barba negra estaba sentado en la cabina. Estaba mirando a Sir Henry y al doctor Mortimer, mientras caminaban hacia Oxford Street.

El hombre de la barba se escondió cuando Holmes lo señaló. Nos vio y gritó algo al conductor del taxi. El taxista dio un latigazo al caballo y el coche desapareció detrás de una esquina.

—Creo que tenemos la respuesta a una de nuestras preguntas —dijo Holmes—. Ese hombre de la barba negra siguió Sir Henry al hotel Northumberland. Él es el hombre que envió la carta.

4

La bota robada

L L egamos al hotel Northumberland diez minutos antes de las dos. Sir Henry Baskerville estaba hablando con el gerente del hotel.

—Dos botas en dos días —dijo Sir Henry en voz alta—. Dos botas han desaparecido de mi habitación, una bota nueva y otra vieja.

—Vamos a mirar en todas partes, señor —dijo el gerente—. Vamos a encontrar las botas robadas.

Sir Henry estaba en silencio mientras comíamos. Él estaba muy enfadado.

—Dígame, señor Holmes —dijo el doctor Mortimer—. ¿Es seguro para Sir Henry Baskerville salir al vestíbulo?

—Es más seguro que pasear por Londres —

dijo Holmes—. ¿Sabe usted que un hombre que les siguió esta mañana?

— ¿Nos seguían? — preguntó el doctor Mortimer, sorprendido—. ¿Quién nos ha seguido?

—Un hombre con una gran barba negra —dijo Holmes—. ¿Conoce a algún hombre así?

—Sí — contestó el doctor Mortimer—. El criado de Baskerville Hall tiene una gran barba negra. Su nombre es Barrymore. No puedo pensar por qué nos está siguiendo. Pero estoy seguro de que Sir Henry se encuentra en peligro. Es mejor que el señor Henry se quede aquí en Londres.

—No. Usted está equivocado — dijo Holmes—. Hay millones de personas en Londres. No podemos verlos a todos. No hay tanta gente en Dartmoor. Todo el mundo se dará cuenta de si alguien es un extraño.

—Pero este hombre no puede no ser un extraño — dijo el doctor Mortimer.

—Estoy de acuerdo —dijo Holmes—. Es por eso que Sir Henry no debe permanecer en la mansión de los Baskerville solo. Yo mismo estaré ocupado en Londres, pero mi buen amigo Watson irá con usted a Dartmoor.

—Oh... sí, por supuesto — dije.

—Gracias, doctor Watson —dijo sir Henry—. Usted será muy bienvenido en Baskerville Hall.

—Bien — dijo Holmes —. Ahora, Sir Henry, háblame de la otra bota que ha sido robada.

—Es una bota muy vieja — dijo sir Henry.

— Qué extraño —dijo Holmes—. Y, dígame Sir Henry, si usted muere, ¿quién será el propietario de la mansión de los Baskerville?

—No lo sé — respondió Sir Henry —. Sir Charles tenía dos hermanos; mi padre, que fue a Canadá y un hermano menor llamado Roger. Pero Roger nunca se casó y murió en Sudamérica. No tengo más familiares vivos. No sé quién se quedará con todo mi dinero si muero.

—Y, puedo preguntar, ¿cuánto dinero tiene?

—Desde luego, señor Holmes. Sir Charles me dejó una fortuna de un millón de libras — dijo Sir Henry.

— Muchos hombres matarían a su mejor amigo por un millón de libras — dijo Holmes.

5

Baskerville Hall

E l sábado por la mañana, Sherlock Holmes me acompañó a la estación de Paddington.

—Este es un negocio peligroso, Watson — dijo—. Quédese cerca de Sir Henry. No ande en el páramo por la noche solo.

—No se preocupe, Holmes. He traído mi revólver del ejército.

—Bien, escríbame todos los días. Digame lo que ve y oye. Cuénteme todo.

Me despedí de Sherlock Holmes y me encontré con Sir Henry Baskerville y el doctor Mortimer en la estación. El viaje en tren a Devon duró tres horas. Mire por la ventana y el campo era muy verde. Por fin, llegamos a Dartmoor. Luego el campo cambió de verde a gris y vimos colinas de roca negra.

Bajamos del tren en la pequeña estación de Grimpen Village. Un conductor nos estaba esperando con un carruaje de caballos para llevarnos a la mansión de los Baskerville. En nuestro camino por la carretera, vi a un soldado a caballo. El soldado llevaba un arma y estaba vigilando la carretera.

— ¿Por qué ese soldado está custodiando el camino? ¿Hay algún problema? —pregunté al conductor.

—Sí, señor. Un preso ha escapado de la prisión de Dartmoor. Es un asesino muy peligroso. Su nombre es Selden.

Miré hacia el páramo vacío. Un viento frío soplaba y me hizo temblar. Holmes creía que alguien quería asesinar a Sir Henry Baskerville. Ahora, otro asesino estaba en el páramo. Sentí que este lugar solitario era muy peligroso. Yo quería volver a Londres.

Había grandes árboles durante todo el camino hacia Baskerville Hall. A lo lejos se veía un castillo. Al momento paramos fuera de Baskerville Hall.

—Tengo marcharme —dijo el doctor Mortimer—. Tengo un montón de trabajo que hacer. Y mi esposa me está esperando en casa.

—Espero que venga a cenar muy pronto —

dijo Sir Henry.

—Lo haré —dijo el doctor Mortimer—. Y si alguna vez me necesita, envíe a alguien a por mí en cualquier momento, de día o de noche.

Entonces el doctor Mortimer se alejó en el coche.

Un hombre con una gran barba negra y un rostro pálido salió de la casa. Saludó a Sir Henry.

—Bienvenido a Baskerville Hall, señor. Soy Barrymore. He sido el criado aquí desde hace muchos años. Mi esposa y yo hemos preparado la casa para usted. ¿Quiere que les enseñe la casa?

—Sí, por favor, Barrymore —dijo sir Henry—. Este es el doctor John Watson. Él será mi invitado durante algunos días.

—Muy bien, señor—dijo Barrymore.

Él cogió las maletas y las llevó a la casa.

Miré con atención a Barrymore. ¿Sería el hombre que había seguido a Sir Henry en Londres? No estaba seguro.

El señor y la señora Barrymore habían cuidado de la casa. Todo estaba en orden. Pero era un lugar frío y solitario.

Aquella noche le escribí una carta a Sherlock Holmes. Le dije todo lo que había visto y oído. Mientras escribía, oí un sonido, una mujer estaba llorando. La única mujer en la casa era la señora Barrymore. Me pregunté por qué estaba tan triste.

6

Los Stapleton

En el desayuno de la mañana siguiente, le pregunté a Sir Henry:

— ¿Ha oído usted a una mujer llorando en la noche?

—Oí un sonido como de llanto —dijo sir Henry—. Pero pensé que era el viento en el páramo.

Sir Henry tenía muchos periódicos por leer. Lo dejé sentado en su escritorio y me fui a dar un paseo por el páramo.

Caminé durante dos o tres kilómetros por el páramo vacío. Entonces, detrás de mí, oí una voz:

— ¡Doctor Watson!

Miré a mi alrededor. Pensé que era el doctor Mortimer. Pero vi a un extraño caminando hacia mí.

—Hola, mi nombre es Jack Stapleton —dijo el hombre—. ¿Cómo está usted, doctor Watson? Vi al doctor Mortimer esta mañana y me dijo que estaba usted aquí. He oído hablar de usted. Usted es amigo del famoso detective, Sherlock Holmes, ¿no es así?

—Sí, señor Stapleton, así es.

—¿Y está también el señor Holmes en la mansión de los Baskerville?

— El señor Holmes se encuentra en Londres. Él es un hombre muy ocupado.

—Por supuesto. Por favor, venga a ver mi casa. Está muy cerca de aquí. Vivo con mi hermana.

Jack Stapleton me condujo por un estrecho sendero. La tierra alrededor de nosotros era de un extraño color, verde. Caminamos hacia un cerro de roca gris.

—Tenga mucho cuidado, doctor Watson — dijo Stapleton—. Quédese en el camino. Estamos en una gran ciénaga. Hay un mar de barro blando debajo de la hierba. Si usted cae en él, nunca saldrá.

—Gracias —le dije—. Pero ¿por qué vive usted aquí? Es un lugar peligroso y solitario.

—Soy naturalista. Estudio la naturaleza. Hay

muchas flores y pájaros en la gran ciénaga. Y hay algunos animales únicos aquí en Dartmoor.

En ese momento oímos un extraño sonido. Era un profundo aullido, el aullido de un perro grande. Venía de una cierta distancia.

— ¡Stapleton! ¿Es el aullido de un perro? — pregunté.

—Es sólo el sonido del viento. El viento sopla a través de las rocas y hace sonidos extraños. Aquella es mi casa —dijo señalando una casa de campo cerca de una colina—. Y mi hermana viene a nuestro encuentro.

La señorita Stapleton era una mujer muy atractiva. Era delgada y alta, con hermosos ojos oscuros. Era muy diferente de su hermano. Tenía el pelo oscuro y su hermano era rubio. Aunque los dos tenían casi la misma edad, Jack Stapleton parecía mucho más viejo.

— ¿Cómo está usted, señorita Stapleton?—le dije—. Su hermano me ha hablado de la gran ciénaga, de las flores y de los pájaros. ¿Ha oído usted ese sonido extraño hace un momento? ¿El viento puede hacer ese sonido?

—No he oído nada —dijo la señorita Stapleton. Ella miró a su hermano y vi miedo en sus ojos.

—Vamos a enseñar al doctor Watson nuestra

casa —dijo Jack Stapleton.

La señorita Stapleton me enseñó la casa y su hermano me mostró su colección de flores y mariposas.

—Iré a Baskerville Hall a visitar Sir Henry esta tarde—dijo Jack Stapleton—. ¿Se lo dirá?

—Por supuesto —respondí—. Ahora, si me disculpan, tengo que volver a Baskerville Hall. Espero volver a verles pronto.

—No salga del camino —dijo Jack Stapleton—. Recuerde la gran ciénaga. Muchos hombres han muerto en ella.

La señorita Stapleton salió a la calle conmigo. Me habló en voz baja.

— Doctor Watson, quiero hablarle sobre el sonido extraño que ha oído. La gente de aquí dice que es el aullido del perro de los Baskerville. Dicen el perro mató a Sir Charles y ahora va a matar a Sir Henry. Pero, por favor, no le diga a mi hermano que le hablé. Por favor, regrese a Londres y llévese a Sirn Henry. ¡Hoy mismo¡

Entró en la casa y cerró la puerta. Caminé por el estrecho camino lentamente, pensando en lo que me había dicho la señorita Stapleton.

7

Primer informe del doctor Watson

B askerville Hall, Dartmoor

13 de octubre 1889

Mi querido Holmes,

En mi anterior carta, le escribí y le hablé de Baskerville Hall y de la gente que vive aquí. Ahora tengo más hechos que contarle. En primer lugar, voy a dibujar un mapa de la zona. Le ayudará a entender mi historia.

Baskerville Hall se encuentra a unos tres kilómetros al sur-oeste de Grimpen Village.

Hay árboles durante todo el camino hacia la casa y una larga avenida conduce a una pequeña casa de verano en el jardín. Sir Charles Baskerville murió cerca de la glorieta. He marcado la puerta en el mapa. Es el lugar donde Sir Charles se puso de pie y se fumó un cigarro. La puerta se abre hacia el páramo.

Le he hablado de los vecinos. El doctor Mortimer vive cerca, a medio camino entre las localidades de Grimpen y Combe Tracey.

He conocido a los Stapleton. Su casa está a unos cinco kilómetros de la mansión.

Hay un hombre que no he conocido. Pero el doctor Mortimer me ha hablado de él. Su nombre es el señor Frankland y vive en la mansión Lafter. Él tiene un gran telescopio y es aficionado a la astronomía. Utiliza su telescopio para mirar las estrellas.

En los últimos días, no ha mirado a las estrellas. Ha mirado al páramo. Está mirando al páramo porque la policía no ha capturado aún al fugitivo, Selden. El señor Frankland mira al páramo en su busca. Pero no creo que Selden se esconda en el páramo. No hay comida y es un lugar muy frio y húmedo.

Sir Henry está preocupado por los Stapleton. Piensa que el fugitivo puede entrar en su casa. Ha visitado a la señorita Stapleton varias veces y se han convertido en buenos amigos. Pero el señor Stapleton es un hombre extraño. No le gusta que Sir Henry visite a su hermana.

Ahora, le cuento algunas cosas sobre Barrymore, el criado de Baskerville Hall. Se parece al hombre que vimos en el carruaje en Londres. ¿Se acuerda? El hombre que siguió a Sir Henry y el doctor Mortimer en Baker Street. Le dije a Sir Henry lo que yo pensaba y llamó Barrymore y le preguntó si había estado en Londres recientemente.

Barrymore dijo que nunca habia estado en Londres en su vida. Además, se enfadó muchísimo y dijo que quería irse de Baskerville Hall.

Luego, anoche, vi algo muy extraño. En mitad de la noche oí pasos y me asomé a la puerta de mi dormitorio. Vi a Barrymore con una vela. Lo vi caminar hasta el final del pasillo. Se detuvo en la gran ventana que se asoma sobre el páramo. Sostuvo la vela en la ventana y se movió hacia atrás y hacia adelante.

Me acerqué a la ventana de mi habitación y miré hacia el páramo. Vi una luz que se movía hacia atrás y hacia adelante. Claramente alguien en el páramo hacía una señal. Pero, ¿una señal de qué?

8

Una luz en el páramo

Baskerville Hall, Dartmoor

15 de octubre 1889

Mi querido Holmes,

Ahora soy capaz de responder a la pregunta del final de mi última carta. Sé por qué Barrymore hacia señales con una vela.

En primer lugar, voy a hablarle de Sir Henry y la señorita Stapleton. Ya le dije que Sir Henry visita frecuentemente a la señorita Stapleton. Me he enterado de que Sir Henry está enamorado de ella. La verdad es que él quiere casarse con ella.

Ayer por la mañana me dijo:

—Voy a ver a la señorita Stapleton. Quiero ir solo.

—Pero el señor Holmes me dijo que me

quedara con usted y que no debería atravesar el páramo solo.

—Voy a ir solo —dijo sir Henry, y se marchó.

Yo no sabía qué hacer. Esperé diez minutos, entonces me decidí a seguirlo. No he visto todo, pero esto es lo que pasó.

Sir Henry se encontró con la señorita Stapleton en el páramo. Le pidió matrimonio, me lo contó él después. Caminaron hacia la casa Merripit para ver al señor Jack Stapleton. Se encontraron con él fuera de la casa. Sir Henry le dio Stapleton la noticia.

Llegué cerca de la casa antes de que Sir Henry se reuniera Stapleton, por lo que vi lo que pasó después. Vi a Sir Henry hablando con Stapleton. De repente Stapleton se puso muy furioso. Le gritó a Sir Henry. Luego tomó de la mano a su hermana y la metió dentro de la casa.

Sir Henry se dio la vuelta y se dirigió hacia Baskerville Hall. Me vio y vino hacia mí.

—Watson — me dijo —, ese hombre está loco. Le dije que me quiero casar con su hermana. Me gritó. Me dijo que nunca más volvería a verla.

No dije nada y caminamos de regreso a la mansión. Esa tarde, Stapleton fue Baskerville Hall. Quería hablar con Sir Henry. Se disculpó con él y lo invitó a cenar la noche del viernes.

Ahora voy a contar lo que pasó con Barrymore. Le dije a Sir Henry que había visto a Barrymore haciendo señales con una vela. Sir Henry me dijo que esperáriamos a la noche. Nos esconderíamos y si volvía a hacer señales lo atraparíamos.

Sir Henry y yo no fuimos a la cama. Nos sentamos esperando en el estudio de Sir Henry hasta las dos de la mañana. Entonces oímos pasos fuera del estudio. Los pasos subian arriba.

Sir Henry y yo esperamos dos minutos más. Luego abrimos la puerta sin hacer ruido y subimos. Vimos Barrymore por la gran ventana al final del pasillo. Tenía una vela en la mano y estaba moviendo la vela delante de la ventana.

— ¿Qué estás usted haciendo, Barrymore? — gritó Sir Henry.

Barrymore casi dejó caer la vela. Parecía asustado.

—Nada, Sir Henry. Estoy comprobando la ventana, eso es todo.

— Usted está haciendo señales a alguien en el páramo —dijo sir Henry—. ¿Quién está fuera? ¡Dime!

— Nadie, señor— dijo Barrymore.

—¡Dímelo! — dijo sir Henry —. O te echo de esta casa ahora mismo. ¡Dímelo!

—Sir Henry — dijo otra voz —, por favor, no se enfade con mi marido. Es mi culpa.

Nos dimos la vuelta y vimos la señora Barrymore. Ella estaba de pie en la parte superior de las escaleras.

—Mi hermano está fuera, señor—dijo ella—. Mi hermano es Selden, el hombre que escapó de la cárcel.

— ¿Selden el asesino? — pregunté—. ¿Y por qué le hace señales?

—Mi marido le lleva comida y ropa — dijo la señora Barrymore—. Le hacemos señas para decirle que va a ir.

—Entiendo —dijo sir Henry—. Él es su hermano, es su deber ayudarlo. Vayan a sus habitaciones. Mañana hablaremos de esto.

Los Barrymore se fueron a su habitación.

Sir Henry se volvió hacia mí

—Lo siento por ellos, pero Selden es un asesino. Tenemos que atraparlo.

— ¡Mire! — dije —. Mire por la ventana. Hay una luz en el páramo.

Sir Henry miró. Una pequeña luz brillaba en el páramo.

—¡Es él! — dijo sir Henry—. Vamos, el doctor

Watson. Traiga su revólver.

Nos pusimos nuestros abrigos rápidamente y salimos hacia el páramo. La luna era brillante y se podía ver el camino a través del páramo. También pudimos ver la luz de la señal. Estaba a una milla de distancia.

—¡Selden está ahí! ¡Dese prisa! —dijo Sir Henry.

Seguí a Sir Henry a lo largo del camino a través del páramo. Me preocupaba. No quería que Sir Henry que fuese muy lejos en el páramo por la noche.

En ese momento, escuchamos un sonido extraño. Era un profundo aullido. Venía de una cierta distancia.

— ¿Qué es eso? —preguntó Sir Henry. Había miedo en su voz.

—Suena como un perro —le dije—. Suena como un perro muy grande. ¿Vamos a dar la vuelta?

—No. Estamos casi allí. ¡Mire!

Frente a nosotros, vimos la luz de la señal con claridad. Venía de una lámpara que estaba sobre una roca. Al lado de la roca había un hombre, pero el hombre no nos vio. Estaba mirando en otra dirección.

Una vez más oímos el profundo aullido. Podía oírse mucho más cerca ahora. Escuchamos el sonido de nuevo. Estaba cada vez más cerca. El hombre junto a la roca oyó el sonido también. Cogió la linterna y saltó sobre la roca. Miró a un lado ya otro. De pronto saltó de la roca y empezó a correr.

Él no estaba huyendo de nosotros. Él estaba huyendo de algo más que no podíamos ver.

Corrimos por el estrecho sendero. Escuchamos el profundo aullido muy cerca de nosotros. Se oía muy cerca y muy fuerte. Entonces oímos un grito. Nos detuvimos.

—Tenga cuidado doctor Watson —dijo sir Henry—. Vamos a andar lentamente.

La noche era silenciosa. Caminamos lentamente. Había algo, o alguien, tirado en el suelo. En mi mano sostenía mi revólver.

Encontramos el cuerpo de un hombre al pie de unas rocas. El hombre se había caído de la colina rocosa. Estaba muerto. Su cuello estaba roto.

Estábamos seguros de que el hombre era Selden. Estaba vestido con ropas de Sir Henry.

Tengo una última cosa extraña que decirle, Holmes.

Levanté la vista hacia lo alto de la colina rocosa. Allá arriba, en lo alto, había un hombre alto y delgado. Lo vi sólo por un momento. Luego desapareció en la noche.

9

El hombre de la colina.

¿**Q**uién era el hombre que había visto en la cima de la colina? ¿Era el hombre que Holmes y yo habíamos visto en Londres? Pero yo estaba seguro de que este hombre no tenía barba. Sir Henry no vio al hombre y yo no le dije nada.

No había nada que pudiéramos hacer por Selden. Volvimos a la casa. ¿De qué estaba huyendo Selden? ¿Qué había visto? ¿Qué habíamos oído? ¿Era el perro de los Baskerville? Me sentí más seguro en la mansión de los Baskerville que en el páramo por la noche. Sir Henry sentía lo mismo.

Por la mañana, vino la policía. Se llevaron el cuerpo de Selden.

Sir Henry dijo a los Barrymore lo que había sucedido. Pero él no habló de los extraños sonidos que habíamos oído. La señora Barrymore gritó y se cubrió la cara con un pañuelo. El señor Barrymore dijo:

—Tenía que terminar mal. El pobre Selden no podía vivir en el páramo en invierno. Hace demasiado frío.

—Por favor, olviden lo que les dije anoche — dijo Sir Henry—.Quiero que os quedéis en Baskerville Hall.

—Gracias, señor. Lo haremos — dijo Barrymore.

Fui a mi habitación y escribí un largo informe a Sherlock Holmes. Entonces decidí ir a dar un paseo.

Por lo general, he enviado mis cartas a Holmes desde Grimpen Village. Pero hoy he decidido caminar hasta Coombe Tracey, el pueblo del sur. Tardé una hora en llegar. Por el camino, encontré a Jack Stapleton.

—He oído que pillaron al fugitivo — dijo Stapleton.

—Si así es — le contesté—. He oído que su hermana ha invitado Sir Henry a cenar mañana.

—Sí, le ha invitado. Dígale a Sir Henry que tengo ganas de verle mañana a las ocho y que me cuente lo ocurrido.

—Se lo diré. Buenos días.

Caminé hasta Coombe Tracey y envié mi carta. Vi una casa grande fuera de la aldea y pregunté que quien vivía allí al tendero del pueblo.

—Esa es la casa del señor Frankland —me dijo el tendero.

El doctor Mortimer me había hablado el señor Frankland y sobre el interés del señor Frankland por las estrellas. Decidí visitar al caballero y pedirle ver su telescopio.

El señor Frankland estaba junto a la puerta de su jardín. Era muy viejo con la cara roja y el pelo blanco.

—Buenos días —le dije —. Mi nombre es Watson.

— ¿Doctor John Watson? —preguntó el señor Frankland.

—Sí— le contesté.

—He oído que usted atrapó a Selden anoche en el páramo. Yo lo vi todo.

—¿Cómo hizo eso? —le pregunté, sorprendido.

—Con mi telescopio. Venga a mi casa, por favor.

El señor Frankland me hizo pasar a su casa. Yo estaba muy interesado en su telescopio. Era muy grande y poderoso.

—Vi a ese hombre en el páramo muchas veces— dijo el señor Frankland.

— ¿Por qué no llamó a la policía? — pregunté.

—No estaba seguro de fuese el asesino. Empecé a pensar que tal vez había dos hombres en el páramo. Pero, ¿Quién querría vivir en el páramo? No hay comida y el clima es frío. Pero, ayer, vi algo extraño.

— ¿Qué vio? — pregunté.

— Vi a alguien más en el páramo

— ¿Por la noche? — pregunté. Pensé en Barrymore y sus señales. Tal vez el señor Frankland había visto a Barrymore llevar comida y ropa a Selden.

—No. Vi a un niño llevando comida durante el día, ese niño lleva también una bolsa con cartas.

— ¿Cartas? — pregunté—. ¿Está usted seguro?

— Muy seguro. Le pregunté al cartero y me enteré de que el niño recoge cartas todos los días.

—Y ¿Dónde las lleva?

—Mire por el telescopio. ¿Ve esa vieja granja a la derecha? Alguien vive allí ahora, pero yo no sé quién es. Es un extraño.

Miré a través del telescopio. A la izquierda vi

el techo de la casa Merripit, donde vivían los Stapleton. A la derecha, vi una antigua granja. El techo estaba roto. Pero vi que salía humo de la chimenea.

—Gracias, señor Frankland —dije—. El que vive allí no es Selden. Selden ha muerto.

Me despedí de señor Frankland. Entonces decidí caminar por el páramo y examinar la vieja granja. Estaba a una o dos millas de distancia y llegue a última hora de la tarde. El sol estaba bajo en el cielo y el aire era frío.

Me acerqué a la granja poco a poco. La puerta estaba rota y se veía el interior. La granja estaba vacía y silenciosa.

En la parte en la que el techo no estaba roto vivía alguien. Había un fuego de leña en el suelo y una cama en la esquina. Una lámpara de pie sobre una mesa y un montón de papeles al lado.

Entré en la casa cuidadosamente. Metí la mano en el bolsillo de la chaqueta donde guardaba el revólver del ejército. Me acerqué lentamente a la mesa y miré a la pila de papeles. Vi a una de mis cartas. ¡Alguien había robado una de mis propias cartas!

¿Quien vivía en la casa de campo? ¿Era el hombre de la barba negra? ¿Era el hombre que había visto sobre la colina?

Pronto me di cuenta, oí el sonido de pasos en el exterior. Tomé mi revólver del bolsillo y me volví hacia la puerta. Un hombre alto y delgado, estaba en la puerta, de espaldas a la puesta del sol. No podía ver su rostro.

—Que puesta de sol más bonita, ¿verdad Watson? — dijo.

El hombre era Sherlock Holmes.

10

Muerte en el páramo.

Holmes —dije, sorprendido. ¿Qué está usted haciendo aquí?

—Estoy observando — dijo Holmes —. Estoy esperando al asesino.

— ¿El asesino? ¿Se refiere a Selden? Selden ha muerto.

—Ya lo sé. Yo estaba sobre la colina anoche y vi lo que pasó — dijo Holmes—. Alguien quería matar Sir Henry Baskerville, no a Selden.

—Pero ¿cuánto tiempo lleva usted aquí? — pregunté—. ¿Y por qué está aquí en secreto?

—Vine aquí en el mismo día que usted — contestó Sherlock Holmes—. He venido en secreto debido a que el asesino es inteligente. Él no se mostrará si sabe que estoy aquí.

—¿Y qué pasa con mis cartas? pregunté—. ¿Las ha leído?

—Sí. Me las enviaron desde Londres. Pero me falta la carta que envió usted esta mañana. Venga, cuéntemelo todo mientras caminamos hacia Baskerville Hall.

Salimos de la granja y caminamos rápidamente hacia la gran casa. El sol se había puesto y estaba oscureciendo. Una espesa niebla blanca subía desde el páramo.

—Es usted un buen detective —dijo Holmes—. Dígame, ¿cómo me ha encontrado? ¿Cómo sabía que estaba escondido en la granja?

—No sabía que era usted Holmes. El señor Frankland vio con su telescopio que alguien vivía en la granja. Y vio al chico que le traía la comida y las cartas. Pensaba que era Selden, el asesino.

Estaba oscuro y la luna no había salido. Tuvimos que caminar con cuidado. El camino pasaba por la gran ciénaga y un mar de barro blando yacía bajo la hierba a ambos lados de nosotros.

Detrás de nosotros, oímos ese sonido extraño, el aullido que había oído en el páramo anoche. Me puse a temblar de miedo.

— ¿Qué es eso, Holmes? — pregunté —. ¿Sabe usted lo que produce ese sonido?

—No— respondió—, pero la gente del pueblo dice que es el sabueso de los Baskerville. Tenemos que darnos prisa y tenga su revólver preparado.

Caminamos rápidamente por el oscuro camino. Al rato sentí alivio al ver las luces de Baskerville Hall frente a nosotros. Tenía miedo del páramo.

11

Preparando las redes.

El señor Sherlock Holmes —dijo sir Henry Baskerville —. ¡Qué sorpresa! Bienvenido a Baskerville Hall.

—Gracias —dijo Holmes—. Pero usted no obedeció mis órdenes. Anoche salió al páramo. Estuvieron a punto de matarle.

—Pero yo no iba solo —dijo sir Henry —. El doctor Watson estaba conmigo. Él tiene un revólver.

—Y yo le protegeré también—dijo Holmes—. La próxima vez que vaya al páramo por la noche, tanto el doctor Watson como yo iremos con usted.

—¿La próxima vez? — preguntó Sir Henry.

— La próxima vez será mañana por la noche — dijo Holmes—. El doctor Watson me dijo que se va usted a cenar a la casa Merripit en el páramo.

Creo que los Stapleton le han invitado.

—Sí— dijo sir Henry—. ¿Y le dijo el doctor Watson que me quiero casar la señorita Stapleton?

—Sí, me lo dijo — dijo Holmes—. Ahora me gustaría hacerle algunas preguntas a Barrymore.

Sir Henry llamó a su criado, Barrymore. Barrymore vino y se paró frente a nosotros. Sherlock Holmes lo miró con atención. ¿Era éste el hombre de la barba negra que habíamos visto en Londres?

—Háblame de Sir Charles Baskerville — dijo Holmes a Barrymore—. ¿Iba a pasear por la noche?

—No, Sir Charles no salía de la casa por la noche.

— Pero, la noche en que murió, se fue a dar un paseo al páramo —dijo Holmes—. Sabemos que él estaba junto a la puerta al borde del páramo durante unos diez minutos. ¿Estaba esperando a alguien?

— No estoy seguro, señor. Me acuerdo de que Sir Charles recibió una carta de ese día.

—¿Una carta? — preguntó Holmes—. ¿Por qué te acuerdas de esta carta? ¿La has leído?

—No, señor—dijo Barrymore—. Nunca he leído las cartas de Sir Charles. Pero Sir Charles guardaba las cartas dentro de su mesa. Esta carta era extraña. Lo leyó y luego la arrojó al fuego.

—Oh, así que él lo quemó — dijo Holmes—. Quizás en esta carta alguien le pidió que fuese al páramo.

—¿Pero por qué Sir Charles quemó la carta? — pregunté.

— ¿Por qué las personas queman cartas, Watson? — preguntó Holmes—. A menudo, debido a que tienen algo que ocultar. Pero Sir Charles tenía miedo de salir al páramo por la noche. El doctor Mortimer nos dijo que Sir Charles creía en la historia del perro de los Baskerville. ¿Por qué habría de salir al páramo, a solas, por la noche? Si él iba a ver a alguien, era alguien a quien conocía. Pero ¿por qué en el borde del páramo? ¿Fue una reunión secreta?

—¿Crees que Sir Charles fue asesinado por un amigo? — pregunté.

—Creo que él conocía a su asesino — respondió Holmes—. Y creo que su asesino no está muy lejos.

Después de la cena, nos sentamos en la biblioteca. Había cuadros de la familia Baskerville colgados en las paredes. Algunas de las pinturas eran muy viejas.

Sherlock Holmes miraba las pinturas cuidadosamente. Él estaba interesado en la pintura de Sir Hugo Baskerville.

—Interesante, Watson, muy interesante —dijo Holmes—. Aquí hay una pintura de Sir Hugo, el hombre que inició la historia del perro de los Baskerville. Mira esta barba negra y esa cara. ¿Has visto esa cara antes?

—Sí, Holmes —dije —. Es el rostro del hombre que vimos en Londres. ¡Es el hombre de la barba negra que siguió a Sir Henry en un taxi!

12

El sabueso de los Baskerville

Holmes se levantó temprano a la mañana siguiente. Fue a Grimpen Village y envió un telegrama. Cuando regresó a la mansión de los Baskerville estaba emocionado.

— Vamos a ir a cazar esta noche — dijo —, y el inspector Lestrade de Scotland Yard vendrá con nosotros.'

—¿Por qué esperamos hasta la noche? — pregunté—. ¿Sabe usted quién es el asesino, Holmes? ¿Por qué no podemos atraparlo antes de esta noche?

—Debemos asegurarnos de que tenemos al hombre adecuado. Tenemos que esperar. ¡Lo vamos a atrapar esta noche!

El Inspector Lestrade llegó de Londres a las cinco en punto. Nos reunimos con él en la estación

Grimpen. Era un hombre de baja estatura, con ojos brillantes. Él y Sherlock Holmes eran buenos amigos. Holmes y Lestrade hablaron mientras nos dirigíamos a la mansión de los Baskerville.

A las siete y media cuando Sir Henry salió de la casa, estábamos listos.

Sir Henry caminó por el camino que atravesaba la gran ciénaga, hacia la casa de la familia Stapleton. Los Stapleton le habían pedido que fuera a cenar a las ocho en punto.

Los tres lo seguíamos de cerca, Lestrade, Holmes y yo, cada uno de nosotros llevábamos un revólver. Vimos Sir Henry entrar en la casa Merripit. Esperamos más adelante, a unos doscientos metros de la casa.

Las luces brillaban en la casa Merripit y las cortinas del comedor estaban abiertas. Y vimos a Sir Henry hablando con Jack Stapleton.

— ¿Dónde está la señorita Stapleton? — pregunté a Holmes—. Sir Henry ha venido a verla a ella, no a su hermano.

—Quizá Stapleton quiere hablar con Sir Henry a solas —dijo Holmes —. Pero, mira, la niebla se está levantando. Pronto no vamos a ser capaces de ver nada.

Miré a mi alrededor. Una espesa niebla blanca se estaba levantando desde la gran ciénaga.

—¿Subimos a esa colina? — pregunté, señalando una pequeña colina rocosa—. Tal vez vamos a ser capaces de ver mejor desde arriba.

Subimos los tres, pero la niebla era tan espesa que no podíamos ver a pocos metros delante de nosotros.

—Nuestro plan puede fallar si no podemos ver con claridad. —dijo Holmes—. Debemos estar muy atentos.

La luz de la luna brillaba a través de la niebla, pero no podíamos ver la casa Merripit o la ruta a través del páramo. Por fin oímos una puerta que se abría, entonces el sonido de unas voces. Stapleton estaba dando las buenas noches a Sir Henry. Entonces oímos pasos por debajo de la colina. Alguien estaba caminando por el sendero.

Al mismo tiempo, oímos otro sonido. Era el sonido de una cadena de metal y venia de la casa Merripit. Entonces oímos el profundo aullido de un perro enorme.

— ¡El sabueso! — gritó Holmes —. ¡Sir Henry! ¡Sir Henry! ¡Suba aquí! ¡Estamos aquí arriba! ¡Dese prisa!

Lestrade se adelantó para ayudar a Sir Henry. Pero no podíamos ver claramente en la niebla.

—¡A su espalda! — gritó Holmes a Lestrade.

Lestrade gritó y disparó su revólver en la

niebla. Vimos el destello amarillo del revólver y oímos el sonido del disparo.

— ¡Ahí viene! — gritó Lestrade y volvió a disparar.

A la luz del flash, vimos un enorme bulto negro.

Sus ojos y las mandíbulas estaban ardiendo brillantes con el fuego. Era un enorme monstruo horrible. Escuchamos gritar a Sir Henry. Escuchamos el sonido de la caída de piedras.

Holmes y yo disparamos nuestros revólveres a la bestia negra. Oímos un alarido. Disparamos una y otra vez. Luego nos movimos con cuidado y bajamos al sendero.

Sir Henry estaba en el suelo sobre unas piedras. Había caído, pero no estaba herido. Se puso de pie con cuidado.

— ¿Qué era eso, señor Holmes? — preguntó Sir Henry.

Holmes caminó por el camino y volvió a cargar el revólver con balas.

—Estamos a salvo. El perro está muerto — dijo Holmes.

En el camino estaba el perro negro más grande que había visto nunca. De sus ojos salían llamas y brotaba sangre de su cabeza.

—¿Podría haber matado a Sir Henry? — pregunté.

— Le habría asustado — dijo Holmes—. El camino de la gran ciénaga es estrecho. Si él hubiera salido corriendo en la oscuridad, se habría caído al fango y habría muerto.

—Pero ¿de dónde viene? — pregunté— ¿Y por qué su cabeza está ardiendo?

—Creo que salió de la casa Merripit— dijo Holmes—. El fuego es fácil de explicar.

Movió la cabeza del perro con las manos.

—Es solo pintura —dijo—. Vengan. Vamos a detener al asesino. Volvimos de regreso a casa Merripit. La puerta estaba abierta. Sir Henry entró en la casa.

—¡La señorita Stapleton! —gritó—. ¿Dónde está? No vino a cenar con nosotros.

Un sonido provenía de una de las habitaciones. Sir Henry abrió la puerta. La señorita Stapleton yacía en la cama. Sus manos y pies estaban atados. Tenía un pañuelo atado tapando su boca.

Sir Henry cortó la cuerda de sus manos y Holmes le quitó el pañuelo de la boca.

—¿Dónde está su hermano, señorita Stapleton? —preguntó sir Henry.

La señorita Stapleton miraba al suelo.

—¡Vete! —dijo—. Mi marido se ha ido.

—¿Su marido? — preguntó Sir Henry—. ¿Es usted es la esposa de Jack Stapleton?

—Sí, soy su esposa — dijo—. Pero su nombre no es Jack Stapleton. Él se llama Jack Baskerville, él es el hijo de su tío muerto, Roger Baskerville. Es su primo.

Fuera en el páramo escuchamos un grito. Corrimos fuera. La niebla era espesa en la gran ciénaga. El grito se repitió, y luego, el silencio.

—Creo que la gran ciénaga ha hecho justicia, — dijo Holmes a Sir Henry—. Jack Baskerville ha caído al fango. Nunca encontraremos su cuerpo.

13

De nuevo en Baker Street

Todavía hay algunas cosas que no entiendo — le dije a Holmes—.Digame Sherlock, ¿quién era Stapleton? ¿Por qué quería matar a Sir Henry?

—Es elemental mi querido Watson —dijo Holmes—. Recuerde que Sir Charles tenía dos hermanos. El hermano más joven, Roger, se fue a América del Sur. Murió en Venezuela. No se casó, así que nadie sabía que tenía un hijo.

— ¿Y este hijo se hacía llamar Stapleton?

—Sí, y él quería el dinero de los Baskerville. Sólo había dos Baskerville con vida, Sir Charles y Sir Henry. Si morían, la mansión de los Baskerville pertenecería a Jack Stapleton.

—¿Y su esposa? ¿Por qué Jack Stapleton decía que ella era su hermana?

—Al principio, Stapleton quería casarla con Sir Charles. Esa era una manera de conseguir el dinero.

—Pero ella no quería ayudar a Stapleton. Ella intentó advertir a Sir Charles, ¿no? — dije.

—Sí, ella intentó avisar a Sir Charles la noche que murió. Pero Stapleton lo descubrió. Stapleton esperó a Sir Charles y le asustó hasta la muerte con el perro negro. Y fue la señora Stapleton quien envió la nota a Sir Henry al hotel Northumberland. Entonces sir Henry se enamoró de la señora Stapleton, por lo que Jack Stapleton estaba preocupado y enfadado con su esposa. Al final tuvo que atarla para detenerla.

—¿Y Jack Stapleton era el hombre de la gran barba negra?

—Sí, él trató de ocultar su rostro. Se puso una barba postiza cuando siguió Sir Henry en Londres.

—¿Qué pasa con las botas robadas? — pregunté.

—El perro y las botas van de la mano —dijo Holmes—. Jack Stapleton conocía la historia sobre el sabueso de los Baskerville. Y sabía que Sir Charles creía la historia. Así que Stapleton compró ese enorme perro negro y lo dejó suelto en el páramo por la noche.

— Pero las botas. ¿Qué pasa con las botas

robadas? — pregunté.

—Watson, es usted muy lento — dijo Holmes—. El perro negro era un perro de caza. Los perros de caza seguirán un olor. Jack Stapleton necesitaba ropa de Sir Henry para dar al perro. Él pagó a un camarero del hotel por robar las botas. Pero la primera bota no funcionó porque las botas eran nuevas. No tenía el olor de Sir Henry. Entonces, recuerde, el perro atacó a Selden porque vestía ropa vieja de Sir Henry. Por eso robaron a Sir Henry una segunda bota vieja.

—¡Qué historia más extraña! — dije —. Jack Stapleton era un hombre inteligente.

—Sí, mi querido Watson — dijo Holmes—. Ahora, ¿por qué no escribe usted esta historia? Tal vez pueda llamarla "El caso de la bota robada".

FIN

Printed in Great
Britain
by Amazon